Fondo editorial NosUneLaPoesía

© Ligia Álvarez

Correo: andaresydecires@gmail.com

Caracas – Venezuela

© A. C. Madriguera http://www.edicionesmadriguera.com.ve Mérida – Venezuela

Coordinación editorial: Williams A. Hernández

Lectora-editora: Mariangel Outten

Prensa y comunicación: Joffri Campins y Argenis Díaz

Diseño y diagramación: Ennio Tucci y David Ortega

Fotografía de la portada y de los poemas "Miradas del alma" y "Haikus a la UCV": Ligia Álvarez.

Fotografía que acompaña al poema "Murmullo de sombras": Cortesía de Pixabay.com

Fotografía que acompaña al poema "Constelaciones": Cortesía de Pixabay.com

Fotografía que acompaña al poema "Ella": Cortesía de José Delgado.

Fotografía que acompaña al poema "El emigrante": Cortesía Pixabay.com

Depósito legal ME2023000183

ISBN 978-980-433-138-1

MURMULLOS DE SOMBRAS

ÍNDICE

Prólogo   6

Variados crepusculares   9

El roto de cualquier cerca   10

Plegaria a Santa Rosalía de Palermo   11

Algunos   13

Todos, aunque sea una vez en la vida, tendremos que ver a un ser querido morir   14

Ando en busca   15

José Gregorio Hernández   17

Lugares de antaño   18

Inclemencia   19

¡Quién fuera pájaro!   21

Si alguien muere   22

Te voy a sembrar   23

Selene y Helio   24

Misterios de la noche   25

Murmullo de sombras   27

Soledad   29

Cenit 30

Contemplación 31

Constelaciones 32

¡Avisa si ves venir la luz del sol! 34

Imagino versos de la nada 35

Madre 37

Navidad de Simón 39

Ahora veo tu sonrisa 43

Las sillas… aquí están las dos 45

Despedir es morir 46

Las tumbas de los vivos 49

Domingo sempiterno 52

Volátil de ensueños 54

Haikus a la UCV 57

Haikus refulgentes 59

Haikus a la luna 64

Mi silencio 68

Sombra de luz 69

¿Qué es la poesía?   70

Un tesoro está escondido   72

De edificios y mortales   73

El emigrante   74

Miradas del alma   75

La sacerdotisa   77

La casa que vence la sombra   78

Ella   79

En el día de tu cumpleaños   81

DEDICATORIA

A mi familia:

Mi esposo, hijos y nietos.

En memoria de mi madre y mis abuelos maternos.

PRÓLOGO

Estoy agradecido por la invitación que me hiciera Ligia Álvarez para escribir el prólogo de su libro de poesía titulado *Murmullos de sombras*. Ligia Álvarez es una escritora venezolana que he seguido desde muy cerca en los últimos cuarenta años, desde sus inicios hasta alcanzar su madurez creadora. Tal vez por esta razón me ha escogido.

En una entrevista realizada por Oswaldo Escárraga y publicada en la plataforma YouTube con el título HISTORIAS: LIGIA ÁLVAREZ (2018) relata sus inicios en la escritura:

"Yo escribo desde muy joven, diría que desde adolescente. Pero, claro en esa época no me atrevía a mostrar lo que escribía. Tenía mi cuaderno en el cual escribía, tal vez por influencia de mi abuelo. Mi abuelo guardaba un cuaderno en el que también escribía mucho. Escribía la historia de su vida porque a él le sucedieron muchas cosas. Tal vez heredé ese deseo de escribir. Más adelante leyendo, y después en el Pedagógico, me superé mucho en ese sentido".

Conocí a Ligia Álvarez como titiritera, actriz de teatro y narradora oral escénica en la década de los ochenta del siglo pasado en el Pedagógico de Caracas, cuando cursaba en esta casa de estudios el pregrado universitario. Luego conocí su empeño en profundizar sus conocimientos en la enseñanza del inglés y la literatura latinoamericana en las dos décadas siguientes con dos maestrías y un doctorado, y cursos especiales en las Universidades de California (Santa Barbara-USA) y Kent de Canterbury (Reino Unido).

En los años ochenta del siglo XX pude leer sus primeras creaciones literarias en poesía, narrativa y dramaturgia. En esos años y en la década siguiente escribió una cuarentena de cuentos que se encuentran publicados en la plataforma electrónica Amazon con el título *Cuento y sueño las estrellas*, y dos piezas inéditas de teatro para niños (*Al Rescate*,1985 - *Festín a la Jardinera*, 1986), así como su obra dramática *Estación Los Dos Caminos* (1992). En poesía, el primer poema de su autoría que le escuché de su propia voz y que leí después fue *Papagayos* (1982), publicado en el año 2012 en el texto escolar de segundo grado de la Colección Bicentenario del Ministerio del Poder Popular para la Educación de Venezuela; y luego en su poemario *Sonata de hojas secas*, publicado en 2018 en la plataforma Amazon, tal como se puede apreciar a continuación:

PAPAGAYOS

Cuatro de la tarde de un día de septiembre.

Cometas de múltiples colores

visitan el cielo blanco de nubes.

El viento las eleva y acerca a la inmensidad azul.

El sol taciturno las mira.

Oye sus canciones de melodía y dulzura.

La luna todavía dormida las sueña…

Las estrellas quisieran poder alguna vez atisbarlas.

Su primer Maestro en poesía fue el poeta y académico Salvador Tenreiro Díaz, quien fue su profesor de literatura en el Instituto Pedagógico de Caracas en la década de los ochenta del siglo pasado, con quien se inició en la lectura de grandes poetas, como Vicente Gerbasi, César Vallejo, Vicente Huidobro y José Antonio Ramos Sucre, y con quien se adentró en el estudio de la Teoría Poética. Luego en el año 2012 participó en el taller de poesía dirigido por el poeta José Javier Sánchez del que surgió la publicación *Luneáticos* (2017) de la Editorial El perro y la rana; y en el año 2019 intervino en el taller dictado por el Maestro Luis Alberto Crespo, ambos promovidos por Monte Ávila Editores Latinoamericana.

Ligia Álvarez, junto a otros poetas, fundó la peña literaria La espiral de la imagen en 2010, y desde 2012 forma parte de la peña poética Oficio Puro. En ambas se comparten en reuniones las creaciones de sus integrantes y se realizan recitales en espacios públicos y privados. La espiral de la imagen tiene publicada la antología poética *Diversos* (2015), en la que Ligia Álvarez presenta sus poemas "Mi infancia" y "El refugio de la poeta"; y la antología *Transparencia de arcoíris* que incluye sus poemas "Misterios de la noche", "Murmullo de sombras" y "Ahora veo tu sonrisa". Por su parte, Oficio Puro publicó la antología poética *Poesía, Oficio puro* (2021), en la que Ligia Álvarez presenta sus poemas "Contemplaciones", "¡Atalaya, avisa si ves venir la luz del sol!" e "Imagino versos de la nada"; y la antología poética *Bajo el Samán de Catuche* (2023), donde se pueden leer sus poemas "Árbol", hermano río" y "Anhelos verdes". También fue invitada por el Fondo Nos Une la Poesía para formar parte de la antología *Cuando la luna nos ve* (2021), en cuya publicación exhibe sus "Haikus a la luna".

En esta oportunidad, Ligia Álvarez reúne, con el título Murmullos de sombras, una serie de poemas recientemente escritos y otros no tanto en espera de que sean disfrutados por sus lectores.

David Ortega

(31/03/2023)

VARIADOS CREPUSCULARES

Rocío escondido en hojas frescas cae

Humedece los labios resecos

…

Lluvia oculta tras los árboles se precipita copiosa

Moja la tierra sedienta de semillas

…

Lluvia apenas ostensible

Irriga la tez

…

Sinfonía de pájaros arrulla mi alma

Quietud del atardecer

…

El crepúsculo encuentra flores nocturnas

Aromatizan los campos ya en tinieblas

…

El amarillo desciende sobre las hojas verdes

…

Canina hermosa

Mirada tierna

Ladrido ensordecedor

…

El perfume de la flor reseca vive perenne

en el rojo de primavera

EL ROTO DE CUALQUIER CERCA

Dedicado al pueblo palestino

El roto de cualquier cerca de hojalata o cartón es idóneo

para revelar temor e incertidumbre de unos chiquillos

Asedio es el enemigo que acorrala la inocencia

Sus ojos de miradas de congojo   claman abrigo ante la ausencia de padres

Mi voz de optimismo grita que cual planta que ninguna mano humana cultivó

la justicia crecerá salvaje por todas partes

Los pequeños hoy prisioneros como aves volarán

de árbol en árbol

de flor en flor

de nube en nube

de estrella en estrella

hasta la brasa del arcoíris alcanzar

PLEGARIA A SANTA ROSALÍA DE PALERMO

Santa Rosalía de Palermo

eterna sideral

Santa Rosalía de guirnaldas de rosas en tu cabello

crucifijo y calavera

custódianos cuida del universo del planeta

y de la casa que habitamos con la familia

Líbranos de las enfermedades del alma y del cuerpo

Glorifica los hogares y arrasa con la malevolencia

Irríganos con el amor y la paz de tu corazón bendito

Donde haya destrucción   ayúdanos a reconstruir

Haz que en todos los rincones podamos encontrar

tolerancia   perdón   grandeza perfección   compasión

Permite que la humildad de tu figura sea una enseñanza de vida para nosotros

Deja que tu aureola despida la luz que nos conforte

e ilumine los senderos de tu gloria

Acompáñanos con tu ferviente fe hoy mañana y siempre

Amén

ALGUNOS

Algunos nacen para estrella

Otros para estrellarse contra sueños que habitan en bosque de anhelos frustrados

Algunos nacen para entrar por la puerta grande

Otros para esperar con paciencia que alguien deje el pórtico del fondo libre

Unos nacen para ser leídos en pétalos de las flores

Otros para contar amaneceres en madrugadas de olvido

TODOS, AUNQUE SEA UNA VEZ EN LA VIDA,

TENDREMOS QUE VER A UN SER QUERIDO MORIR

La campana repicó a mi lado

Era el llamado

Se apagaba poco a poco

Ni los facultativos ni los conjuros funcionaban

Hice un lugar a su lado para sentir su respiración

Al compás de los latidos del corazón recordé las veces que su voz me arrulló

Le dije al oído sabes que te amo ¿verdad?

Parpadeó en señal de afirmación

Sus ojos se sellaron… volvieron a abrirse

Así quedaron hasta que otra mano amorosa los cerró…

no fue la mía porque aún tenía esperanza en que de nuevo me verían

Todos, aunque sea una vez en la vida, tendremos que ver a un ser querido morir

ANDO EN BUSCA

Ando en busca de la red pérdida de araña

de la estela del vuelo de la mariposa

de la huella de la hormiga en el camino de tierra

Ando en busca del ruido que produce la hoja del árbol al caer durante la estación seca

de la melodía de las gotas sobre tejas cuando llueve

de los puntos luminosos que va dejando la noche al borrar el día

Ando en busca del aroma pretérito para mezclarlo con las fragancias presentes

de la pintura que tiñe el olvido

de la cajita de música con la bailarina danzando en la memoria

Ando en busca de los ruidos que emanan de los muebles al rodar en la casa de arriba

/del ayer

de la de la niña enferma que una vez quiso adueñarse de mis caramelos

de la canción que olvidé en plena presentación de la fiesta de fin de año escolar

de mis pantalones calientes y mis sandalias romanas de la infancia

de Simón el heladero que nos premiaba con una barquilla con fondo sorpresa de leche
condensada

Ando en busca del beso tibio de una madre a una niña que era yo y de las palabras

/dulzonas de los abuelos

Ando en busca

JOSÉ GREGORIO HERNÁNDEZ

Ruta de paso

Tránsito de viajeros

Fue su Isnotú

Allí nació

Mas no fue donde partió

El Venerable

Benigno padre

Josefa la madre

José Gregorio tu nombre

LUGARES DE ANTAÑO

Cuántos lugares desde hace tiempo cruzados juguetean en nuestros recuerdos

brillo música refulgencia

mas cuando los reencontramos ya se han tornado grises

Nuestros pensamientos

nos dejan abandonados en terrenos de antaño hoy llenos de tristezas

Tal vez sería mejor no regresar a ellos para no quedar atados a sitios que al pisarlos nos

dibujan líneas rectas y curvas sofocantes

en sentimientos ahora desaparecidos y quizás nunca olvidados

INCLEMENCIA

Sol inclemente de los años

Larga fila hacia la nada

Pies adoloridos de cansancio

Juventud prolongada

Brisa que por momentos provoca bienestar… esperanza

Silencio a veces roto por un quejido

Un día fue un tal vez

Hoy es un nunca jamás

Mirada hacia el horizonte borroso del tiempo

El final está por llegar

¡QUIÉN FUERA PÁJARO!

El ave sobre el ramal del árbol picotea la fruta y trina

Veo la escena

Me pregunto por qué Dios no me dio alas

Debe ser buena esa vida

Volar de flor en flor

Probar el néctar

Volar volar volar

Surcar rama tras rama

Dejar el encierro

Vivir sin pasado sin futuro

Solo el presente de elevación

SI ALGUIEN MUERE

¿Cuándo alguien muere deja de existir?

¿O es a nosotros a quienes se nos acaba la vida?

Para los idealistas del mundo las cosas existen porque son creadas por el pensamiento

entonces si alguien expira algo de nosotros fallece también

Ya no estamos en su pensamiento

Somos el reflejo de la mente de otro

Somos ilusión

TE VOY A SEMBRAR

Te voy a sembrar

No quiero incinerarte

si te incinero serás ceniza que se lleva el viento

Te plantaré en la tierra

Germinarás

Retoñarás

Renacerás con el norte fijo en el sol

SELENE Y HELIO

La aurora nace y Selene se marcha con su cortejo de estrellas

Se despide triste

Una vez más no pudo encontrarse con Helio

La esperanza no la abandona

El calor que remite su amado la fortalece

MISTERIOS DE LA NOCHE

Ocaso no es final

Comienzan misterios a revelarse

Escondidos en la frialdad de los ríos

Tras el gorjeo de los pájaros de la noche

Bajo la mirada de transparencia de la luna

Debajo de las hojas secas

Enterrados con las raíces de los árboles

Luces se ven a lo lejos

Al llegar al sitio se han extinguido

Pasos de alguien

Resultan de nadie

Gritos y alaridos alteran los sentidos

Ojos siguen penumbras

Estruendos de sigilo

sigilos de estruendo juegos que aterran y atraen

En lo alto el cielo nocturno asusta

Lo desconocido vive entre los habitantes de las estrellas

MURMULLOS DE SOMBRAS

I

Prendo un fragmento de la neblina con los dedos

Palpo el polvo que las estrellas esparcieron en su interior

Hago sonreír su semblante tras el sereno de medianoche

Despojo la brisa del silbido

y con él lisonjeo las hojas secas que sueñan en la frescura

II

Es la   hora cuando la campana añora el rumor de un canto

A lo lejos el silencio de los campos se asoma en el arcoíris que olvidaron las lloviznas

La tierra sobre la que descanso los pies arroja el perfume de los pájaros del atardecer

SOLEDAD

Nacemos y morimos solitarios

La soledad no dimite

Siempre agazapada nos espera

Nadie se salva

Es puerto seguro del ser humano como la muerte

CENIT

Recordando a José Antonio Barrios

Camino congelado hacia la nada

Vida como estrella fugaz que no se recuerda

Silencio que estalla en la sonoridad

Aplausos por logros que ya no acompañan

Dolor que se fuga a ninguna parte

Lágrimas secándose en el alma

Cantos que brotan a borbotones de una garganta

Oraciones por algo que nadie conoce

CONTEMPLACIÓN

La oquedad en el amasijo del tiempo contempla la esencia

Majestuoso el horizonte serena el espíritu

mientras maromas sortean mareas que descifran el sortilegio de las aves

CONSTELACIONES

El eco del día eclipsa cuando se enciende la música de los astros

y refresca los polos celestes

Los equinoccios declinan ante la ojeada de ascensión

Una a una las constelaciones copan el universo

y el olor eclíptico de la noche sonríe con su saturación de luz

MURMULLOS DE SOMBRAS

¡AVISA SI VES VENIR LA LUZ DEL SOL!

¡Atalaya avisa si ves venir la luz del sol!

 Mis ojos se cierran de cansancio y quedan copados de negro como los de Edipo

En mis sueños bebo el elíxir del ánfora decorada de polvo de estrellas

De la caja de Pandora extraigo la esperanza

Derramo libaciones por los que se han marchado durante la pandemia

Celebro sus vidas y victorias

Con la frente sombreada por el ramo de oliva mi voz exclama

¡Salve luna!

IMAGINO VERSOS DE LA NADA

¡Ansiedad no aflores!

Olvido   claustros

pienso en jardines

aguas que refrescan   trópicos internos

pájaros que revoloteando trinan poemas

¡Ansiedad no aflores!

Olvido límites

imagino brisas que acarician

soles de playas

estrellas que iluminan sendas que se extravían en caminos que jamás se encuentran

lunas que miro desde umbrales

¡Ansiedad no aflores!

Olvido deshoras

sueño con árboles y arenas que construyen fortalezas

mares que mojan arideces

¡Ansiedad no aflores!

Olvido cercos

trazo horizontes

compongo versos de la nada

Claustros no existen

Libertad la que se siente

Regocijo invade

¡Ansiedad no aflores!

MADRE

Fuiste

hogar

alimento

bendiciones

Éramos tan diferentes

cuánto nos parecíamos en verdad

En ocasiones escucho tu voz cuando hablo

Tu risa cuando río

Percibo tu enojo en mi malhumor

Veo mis manos envejeciendo

Son las tuyas

Lo que me gusta y lo que no te los debo

La imagen de tu caligrafía estampando mi nombre

en libros y cuadernos de la infancia no me abandona

Eres yo

Soy tú

Un día partiste

Te quedaste en el espejo que me refleja

NAVIDAD DE SIMÓN

Bájate del caballo

Quítate las botas

Desviste el uniforme de Libertador

Ponte cómodo

Ven a contarme tu vida… historia… sueños

Recorre está plaza

Mira árboles

ardillas

palomas

fuente

los adornos

Hoy es Navidad

Quiero saber de ti

Cómo eran tus fiestas decembrinas

Qué comías

Qué bebías

¿Esperabas al niño Jesús?, ¿o acaso ya fantaseabas con la libertad como cuando

/liberaste a aquel pajarito?

Le abriste la puerta de su jaula para que volara libre como tus quimeras.

Bájate del caballo

Quítate las botas

Desviste el uniforme de Libertador

Ponte cómodo

Ven a mirar de cerca a estos niños que corren y se divierten

a estas ardillas que se desplazan por las ramas y el tronco del árbol centenario

Mójate las manos con el agua de la fuente

Observa los transeúntes

No deparan en ti

La plaza lleva tu nombre pero muy pocos se detienen a mirarte como lo hago yo

Quizás necesitan que también abandones los libros de historia y te reúnas con ellos

No para convencerlos sino para escucharlos

y que cuando llegue tu turno también les hables de tus errores

triunfos

alegrías

congojas

De tu vida

tus navidades

de los villancicos que escuchabas y ya no se conocen

de los dulces que saboreabas y nosotros no hemos probado

de los juguetes con los que de chiquillo jugabas y que los infantes de hoy desconocen

Dime Simón cómo era tu Navidad

Sé que el luto te acompañó muchas veces

Desde pequeño tristezas estuvieron contigo   pero el niño siempre encuentra instantes

/de alegría

Seguro degustabas platillos de tu época

Esos sabores te acompañan todavía más allá de los tiempos

Más allá de la vida porque como una vez tú mismo escribiste

las impresiones de la infancia duran por siempre

Bájate del caballo

Quítate las botas

Desviste el uniforme de Libertador

Ponte cómodo.

AHORA VEO TU SONRISA

A José Antonio Barrios Valle

Sentí la necesidad de verte en la última morada

Ya sin el rocío fresco de la sonrisa

Carente de luz

Huérfano de la aurora de la vida

Esa imagen se ha ido borrando

Ahora vuelvo a percibir tu sonrisa de niño

escudriñando libros debajo del Puente de las Fuerzas Armadas

Muchos tenías mas no te saciabas

Por eso un día de hace tiempo decidiste también escribir los tuyos

para que otro José Antonio de un tiempo posterior de no sé cuándo

leyera el nombre y la breve biografía

de alguien que nació en Cádiz   en una calle llamada Cervantes de una ciudad milenaria

tal vez fundada por Hércules

En verdad eras caraqueño   amigo

A Caracas la tenías sembrada en la piel y del país entero escribiste desde el sentimiento

/de un hijo

Naciste allá

Te fuiste aquí

Te quedaste en los pasillos de Parque Central

En las calles de La Candelaria y en plena avenida Urdaneta

donde tantas veces te encontré y te sigo encontrando

LAS SILLAS... AQUÍ ESTÁN LAS DOS

Una frente a la otra

Son un par

Invitan a sentarse junto a otro

El ventanal revela universos encrespados

Claman por ser desenredados

No se precisa salir

Despejando aquellas ramas el horizonte emerge luminoso

y una alfombra de hojas secas deja caer el otoño

El otoño de la vida... no de otra cosa

porque en este lado del mundo solo hay dos estaciones

la lluviosa del alma y la seca del corazón

DESPEDIRSE ES MORIR

Dedicado a mis dos hijos y a mis nietos

En un tiempo exiguo han sido tres las despedidas

El corazón... vacío

Los brazos... abiertos

El beso en flor... sin destino

¿Cuándo se colmará el corazón de nuevo?

¿Cuándo los brazos se coronarán con apretones?

¿Cuándo el ósculo encontrará las mejillas y las manos para verse realizado?

Nada en la nada

No sabía lo que era la depresión

Ahora conozco sus misterios

Uno de ellos es lo parecido que es   a morirse por dentro

Así camines y hasta rías a ratos

¿Cuándo los volveré a ver?

¿Vendrán por mí?

¿Iré por ellos?

¿Me esperan?

¿Los espero?

¿O es la tierra sedienta de cuerpos la que me aguarda?

Tal vez algún día un reencuentro

¿Aquí en la tierra o en la perpetuidad?

Prefiero que sea aquí

No sé si existe la vida eterna

LAS TUMBAS DE LOS VIVOS

Las tumbas...

Hasta las tumbas se han mudado

Ya ni identificadas están

Sus habitantes...

¿Quiénes son?

¿Quiénes eran?

No se sabe

Las cruces desaparecieron

Las placas con el nombre y fecha de nacimiento y deceso brillan en la nada

Las flores nunca estuvieron ni cinco minutos después de habernos marchado

¿Dónde está el jarrón de agua?

No está

Todo se fue

 Ahora es silencio

ausencia y muerte...

muerte sin fin   sin esperanza

Sin nada

Antes veníamos aquí y conversábamos con los ausentes-presentes

En este momento   si lo hacemos corremos el riesgo de hablar con quien no es.

 Por eso prefiero platicar con las hojas en blanco

Llenarlas con palabras que algún día volarán hacia el cielo infinito y el mar inacabable

/junto con las fotos opacas de mis seres amados

No existe más el consuelo de las tumbas

DOMINGO SEMPITERNO

Este silencio

Este sigilo que aturde

que hiere los sentidos

que destroza el espíritu

Un automóvil a lo lejos

es el único sonido que llega hasta los oídos

A distancia presiento voces que susurran canciones

Casi no las percibo

¿Existirán todavía en verdad?

¿O es acaso la imaginación que quiere escucharlas?

Domingo

Todos los domingos la misma cosa

Esta soledad

Este tal vez vendrán y al final no llegan

Voy a cerrar los ojos

Así veré con el alma el cielo que una vez fue este lugar

Dormir   soñar...

Reencontrar un lunes empapado

de bullicio   de ruido   de rutina

¿Felicidad?

¿O simple acompañamiento?

Y este domingo interminable que no se acaba de ir

                    (A dos días del cumpleaños de mi abuela-mamá que ya no está)

VOLÁTIL DE ENSUEÑOS

Volátil de zancadas largas

pico recto y afinado

con el que trozas el alimento que te nutre

Cuando tienes en la mira a un pez

en las extensiones acuáticas en donde moras

caminas lentamente para acertar

Voraz lo haces tuyo por completo

Me impresionas por la elegancia de ese cuello luengo

Observo tu cabeza pequeña entre ornamentales plumas

¡Siento admiración!

Leo la letra S que dibujas en ascendente acrobacia

Me regalas tu color pardo

Si el ser humano se te acerca

emprendes la volada cual relámpago

Quizás intuyes que algún peligro te acecha

Tal vez presientes cómo codician tu plumaje

Cuando emprendes tu retirada

tu ausencia deja sellada en mi memoria

una estela risueña y efímera

embelleciendo mi mundo interno

gracias a tu altiva y marrón figura

Apodada has sido garza morena de los llanos orientales

MURMULLOS DE SOMBRAS   Ligia Álvarez

HAIKUS A LA UCV

I

Torre del reloj

en lo alto se te mira

Campanario sabio

II

Danzan las once

Instalado el chichero

Aprisa muchos van

III

Nubes de Calder

color y movimiento

Dicha nublada

IV

Tierra de nadie

Compartir bajo cielo

Tierra de todos

V

Buscador añejo

Pasillo de ingeniería

Luz de saberes

HAIKUS REFULGENTES

I

Adiós Septiembre

Enhorabuena Octubre

Año veloz

II

Alborozados

capullos perfumando

Secreto ajuar

III

Las amarillas

hojas del senil libro

lector esperan

IV

Metamorfosis

En efímero vuelo

La mariposa

V

Propaga vida

Pasajera se enmohece

Flor sempiterna

VI

Cual visitante

curiosea por los cuartos

Sol matutino

VII

Una escalera

El cielo de la noche

Veo las estrellas

VIII

Jardín florido

Posa sobre la roca

Gris caracol

IX

Pétalos rosas

Estrella de jardín

Flor alhelí

X

Fuerza del viento

Trae consigo semillas

Brotarán flores

XI

Las hojas secas

Asemejando páginas

Árbol leyendo

XII

Brisa caliente

embriagando su rostro

Sueña con un río

XIII

El cielo llueve

lava la vegetación

y refresca la tierra

XIV

Ausentes letras

La pared carcomiéndose

Aula sin niños

HAIKUS A LA LUNA

I

Alhaja cielo

resplandor de la noche

lunático semblante

II

El gris Satélite

irradiando senderos

Luna redonda

III

Sol reflejado

amenizando novios

Amor custodia

IV

Es su vitrina

secretos en alturas

Soleado abrigo

V

Posa mirada

Con su bondad

Luna cristal

VI

Los niños juegan

Milagroso sagrario

Luna cantando

VII

Cual flor nocturna

baña Tierra de luz

Selene Luna

VIII

Son Selene y Helio

Hermanos Luna Sol

luz emitiendo

IX

La Mona Lisa

atisba con misterio

Luna en altura

X

Cri cri de grillos

por los floridos campos

Luna sonriendo

XI

Lámpara Luna

cantos de aves nocturnas

Pasional sueño

MI SILENCIO

Cuando escucho

mi silencio

percibo el entorno

Rumor de brisa

murmullo de olas

canto de dunas

zumbido de mariposas

Sosiego

anidándose en el alma

SOMBRA DE LUZ

Observo una estrella solitaria

abandonada por sus allegadas

Tal vez salieron a divertirse

Ella prefirió quedarse

Desea cuidar el firmamento

Quizás pasa por su adolescencia

y tiene conflicto con sus semejantes galácticos

e incluso consigo misma

En realidad   ese lucero que veo ahora no existe

Tal vez existió hace millones de años

En este instante lo que percibo es el reflejo de luz que quedó

tatuado en el confín del universo

Dejó de existir mucho tiempo atrás.

Me pregunto ¿existo yo?

No

Soy solo sombra en luz de pasado distante

¿QUÉ ES LA POESÍA?

Lo invisible

Lo incomprensible

Lo simple

El sentido de lo absurdo

Lo trascendental en lo ordinario

Más allá de la superficie

Palabras en silencio

Suspiros enumerados

Almas traducidas

Estaciones en sueños

¿Su techo?

cielo

¿Su adorno?

luna

estrellas

sol

¿Su alimento?

canto de pájaro

ruido de mariposa al volar

Es el submundo de la vida

Y escuchar el mar en caracoles

UN TESORO ESTÁ ESCONDIDO

Lo rodea el silencio

Silencio que ensordece

Silencio que es mi voz

Voy hacia el descubrimiento

Si lo abro ¿me asombraré?

Contemplo

Soy yo para mí

después para ti

DE EDIFICIOS Y MORTALES

Los edificios los piensan los seres humanos

Imaginan

Trazan sobre papel después de cálculos y mediciones científicas

Más tarde son construidos por otros con sudor y esfuerzo de brazos

Después llegan los que los habitan con sueños

Pasiones

anhelos

Son los que les dan vida

EL EMIGRANTE

—¿Qué llevas en tu morral?

—Algo del pasado y un poco del presente

—¿Y el futuro?

—Su lugar es el compartimiento más ancho. Espero llenarlo

MIRADAS DEL ALMA

Mientras caza estrellas y olfatea el aroma de una rosa reseca

la mujer a ratos posa la mirada en el cauce del río que transporta memorias de sonrisas

/rancias

Aguas heladas rocían sus pies

Decide devolver la flor a la tierra y entrar a su refugio

Pretende preparar un consomé de los que serenan el alma

Se detiene en la entrada de la casa

Concentra la mirada en la imagen del cuadro

La joven olfateando el capullo marchito y mirando el río que le roba los recuerdos

LA SACERDOTISA

Seres invisibles visitan

el mediodía en su sofocante calma

Vienen con el viento del Oeste

caen como rocío del cielo

Las horas y las estaciones hacen mutis

mientras la sacerdotisa vocifera

su verdad

Nadie escucha

Todos la acatan como suya

LA CASA QUE VENCE LA SOMBRA

Hoy visito la casa que vence la sombra

el campus universitario

Me encuentro hojas secas en el camino

tierra reseca sin grama

pasillos desiertos de estudiantes y profesores

uno que otro trabajador aquí y allá

Algunos intentan tumbar escasas frutas de los árboles

El hambre apremia

Casi a la salida una manada de pájaros multicolores vuela sobre los techos de las aulas

Con su trinar dibuja la palabra ESPERANZA

ELLA

Está aquí con la primavera en el vientre

floreciendo un hijo

Lleva el verano en las manos para irrigarlo de calor

Tiene el otoño en el cabello

Se dibuja un invierno en su recorrido

EN EL DÍA DE TU CUMPLEAÑOS

(2 de marzo de 2020)

Sol   luz   melodía   color   viernes de matices   "semana sí, semana no"

Eras eso

El fin de semana que tocaba quedarte en Iberia comenzaba con un viernes de

/tonalidades musicales

Terminaba en un domingo gris porque te ibas

Desde que te marchaste lejos de mi universo los días perdieron armonía

Se cubrieron de silencio   sombra y nostalgia

Mi niña   hoy hacen doce años de haberte conocido

Fue un cálido domingo de marzo

Nunca en mi vida imaginé que existiera un ser tan bello

Cuando te vi por primera vez di gracias al Señor por el regalo

Eres eso

un obsequio del Creador

¡Ruego todos los días por tu felicidad!

Te amo

www.ingramcontent.com/pod-product-compliance
Lightning Source LLC
Chambersburg PA
CBHW081259130726
47998CB00010B/2863